n° 27 12043

AF339009

DÉPÔT LÉGAL

BIOGRAPHIE

DE

LEFÉUVE

PAR

M. le comte de SAINT-GENIÈS.

—

DEUXIÈME ÉDITION.

PRIX : 25 CENTIMES.

PARIS

DUMINERAY, LIBRAIRE-ÉDITEUR,
78, RUE RICHELIEU.

—

1860

NOTICE SUR LEFEUVE

ET

SUR SES OUVRAGES.

Lefeuve est né à Paris, en 1819, d'une famille ancienne et considérée. Un de ses grands-oncles paternels (Lefeuve de la Malmaison) était conseiller au parlement sous Louis XIV, et la fille de ce magistrat avait pour mari Chabenat, seigneur de

Bonneuil, introducteur des ambassadeurs. M. Lefeuve père, possesseur d'une belle fortune, qui s'est après lui divisée entre les membres de sa nombreuse famille, ne craignit pas d'en exposer une partie dans une entreprise bien hasardeuse, l'exploitation d'un privilége théâtral, et fut nommé directeur de la Porte-Saint-Martin. Cette témérité lui réussit. La Porte-Saint-Martin, ce théâtre-minotaure, qui a dévoré tant de directions, épargna celle de M. Lefeuve père ; il ne fut point englouti dans cet abîme où tant d'autres ont sombré. Au bout de quelques années, il abdiqua, et se retira de cette gestion périlleuse avec sa considération et sa fortune intactes.

Ce fut dans l'appartement directorial, pendant que son père l'habitait, que naquit l'homme de lettres dont nous nous occupons aujourd'hui. Les coulisses et les loges, l'orchestre et la rampe frappèrent d'abord ses regards, témoins d'une répétition le matin et d'une représentation le soir. Et s'il est né pendant qu'on déclamait une scène de *Marino Faliero*, ou un acte de *Don Juan de Marana*, on conçoit, d'après la force des premières impressions, que c'est ce qui a dû déterminer sa vocation pour la littérature et la poésie.

Lefeuve fit ses études dans les colléges de Bourbon et de Sainte-Barbe, dont il a écrit depuis l'histoire. L'abbé Orsini avait été un de ses maîtres, ce qui l'engagea à publier la *Vie de sainte Geneviève*, la *Vie de Saint Germain-l'Auxerrois* et d'autres travaux hagiologiques. D'ordinaire les écrivains s'annoncent par des vers d'amour et des romans et, plus tard, finissent par des œuvres d'expiation et de repentir ; le nôtre a suivi une marche tout opposée. Il a débuté par des œuvres ascétiques, et les a fait suivre par des romans et des vers. Il a commencé par où l'on finit ; il a fait pénitence avant d'avoir péché.

Plus tard sa vocation reprit le dessus ; il dit adieu aux cloîtres et aux colléges, ses travaux littéraires se sécularisèrent, et il n'écrivit plus qu'en homme du monde : les journaux quotidiens et les petits journaux l'avaient pour collaborateur. Vers le même temps il entreprit plusieurs voyages ; il vint à Baden en 1841. Ce fut là que nous eûmes le plaisir de faire sa connaissance, et d'improviser, pour lui, cet horoscope qui n'est pas encore entièrement réalisé :

Il faut gloire et fortune à notre ami Lefeuve,
Il les mérite, il les aura.
Son bonheur n'est encor qu'un espoir ; ce sera
Le filet d'eau qui devient fleuve.
En mariage il obtiendra
Un million offert par quelque riche veuve,
Ou peut-être il réussira
A conquérir la dot d'une fille encor neuve.
En poésie, il donnera
D'un fertile talent plus d'une heureuse preuve :
Sans relâche il travaillera,

Il fera mieux que Scribe un livret d'opéra,

     Un journal mieux que Sainte-Beuve;

Par des drames biens noirs au théâtre il plaira,

Car le public exige avant tout qu'on l'émeuve.

Il sera romantique autant qu'il le faudra,

     Pour que l'or dans sa caisse pleuve ;

     Puis au classique il reviendra,

En vrai fils d'Apollon que l'Hipocrène abreuve.

     Le ciel le récompensera

     De son courage à toute épreuve :

     Aide-toi, le ciel t'aidera ;

     Frappez et l'on vous ouvrira ; |treuve (1).

Quand on marche, on arrive, et quand on cherche on

---

(1) On dit indifféremment *treuver* et *trouver*. Voyez Lafontaine :

Dieu fait bien ce qu'il fait : sans en chercher la preuve

Dans tout cet univers, et l'aller parcourant,

     Dans les citrouilles je la treuve.

Et Molière :

L'amour que je ressens pour cette jeune veuve

Ne ferme point mes yeux aux défauts qu'on lui treuve.

En revenant de Baden, Lefeuve fit paraître, pour la première fois, une partie des *Poésies* dont la quatrième édition est réimprimée en ce moment : ce qui atteste que le public a su en apprécier le mérite.

Ses excursions dans l'intérieur de la Suisse nous ont valu l'intéressante description d'Interlaken, le site le plus remarquable de ces contrées pittoresques. Le roman descriptif de Lefeuve en reproduit fidèlement les beautés ; c'est mieux qu'un tableau, c'est un miroir. La pensée de l'auteur s'agrandissait dans cet immense horizon ; il y puisait en foule des idées neuves et fraîches, comme la verdure des vallons qui séparent l'une de l'autre les sourcilleuses montagnes de l'Oberland. L'ouvrage de Lefeuve, intitulé *Interlaken*, nous paraît le meilleur de tous ceux qu'il a publiés en prose jusqu'à présent.

Il a fait paraître encore un assez grand nombre d'autres productions dont nous ne chercherons pas à donner une énumération complète. Citons uniquement le *Tour de la vallée de Montmorency*, volume qui s'est inspiré délicieusement d'un sujet agréable.

L'ouvrage important qui, maintenant, l'occupe tout entier a pour titre : *Les Anciennes Maisons de Paris sous Napopoléon III*. On sait combien d'excellents esprits ont, à différents point de vue, choisi la capitale de la France pour l'objet de leurs recherches et de leurs travaux : Félibien, Saint-Foix, Mercier, Dulaure, etc. Mais le sujet est inépuisable, et Lefeuve a encore trouvé à y recueillir d'abondantes moissons ; il a fallu pour cela interroger toutes les mémoires, compulser toutes les archives. L'auteur de ce travail si parisien fait comme Asmodée dans le *Diable boiteux*, il enlève les toits de toutes les maisons pour en révéler tous les secrets ; de là surgissent les récits piquants, les anecdotes jusqu'alors ignorées et qui jettent une lumière inespérée sur les faits les plus intéressants de notre histoire ; et l'on peut dire avec raison qu'à chaque page de cet ouvrage, il y a de l'esprit par-dessus les maisons.

.L'ancien Paris disparaît de jour en jour : n'est-on pas heureux de le voir ressusciter sous la plume d'un écrivain ingénieux? Quel dommage que Persépolis et Babylone n'aient pas eu un Lefeuve ! Il nous eût conservé les chroniques secrètes, les détails des mœurs, les traditions séculaires de ces villes célèbres; et après même qu'elles eussent été anéanties, l'historien fidèle en aurait du moins sauvé tous les souvenirs.

Les Anciennes Maisons de Paris paraissent par livraisons qui se succèdent avec rapidité; l'ouvrage est, depuis plus de deux ans, en cours de publication et de succès.

LÉONCE DE SAINT-GENIÈS.

Paris, 15 mars 1860.

ON TROUVE A LA MÊME LIBRAIRIE :

LES ANCIENNES MAISONS DE PARIS

SOUS NAPOLÉON III,

Notices historiques spécialement écrites sur des documents inédits.

Quatre volumes de ce Recueil sont complets.

Il en reste deux à paraître.

Prix du vol. : 16 fr. — Prix de la livraison : 1 fr. 60 c.

(Chaque rue peut être demandée séparément.)

———

POÉSIES DE LEFEUVE

4e édition, avec le portrait de l'auteur.

Un fort vol. in-16 : 5 francs.

———

INTERLAKEN,

Roman descriptif, par le même auteur (3e édit.).

Deux volumes in-18 : 7 fr. 50 c.

Le Tour de la Vallée, histoire et description de Montmorency, Enghien-les-Bains, Napoléon-Saint-Leu, Taverny, Eaubonne, Deuil, Epinay, Saint-Gratien, Groslay, Sannois, Soisy, Saint-Prix, Andilly, Montlignon, Margency, Ermont, Pierrelaye, Franconville, Bouffémont, Chauvry, Béthemont, Domont, Le Plessis-Bouchard, Frépillon, Bessancourt, Montmagny, Piscop, Saint-Brice, Herblay. 1 beau v. in-8. . . . . 7 50

La Pologne et les Polonais défendus par un ancien officier de chevau-légers polonais de la garde de Napoléon Ier, contre les erreurs et les injustices des écrivains français, MM. Thiers, Ségur et Lamartine. Un beau vol. in-8. . . . . . . 4 »

Les Polonais à Somo-Sierra, en Espagne, en 1808, rectifications relatives à l'attaque de Somo-Sierra, décrite par les historiens français par le colonel Niegolowski. Une brochure in-8. . 1 50

Mémoire à S. M. l'Empereur de toutes les Russies à propos de l'émancipation des serfs. Brochure in-8. . . . . » 60

Éducation antérieure. Recherches et instructions sur les influences maternelles, par De Frarière. Un volume in-18 anglais. . . . . . . 2 »

Assortiment de toutes les nouveautés en librairie.

Grand choix de Paroissiens, Journée du Chrétien, Imitation de Jésus-Christ, Imitation de la Vierge, et autres livres de piété, reliure en basane, chagrin, maroquin du Levant, cuir de

Russie, moire, garniture bronze doré, oxydé, argent, vermeil, bois sculpté, nacre, ivoire, chiffres, couronnes, armoiries.

Grand assortiment de livres illustrés, reliés pour cadeaux, étrennes, etc.

VIGNETTES DE PIÉTÉ EN TOUS GENRES.

Sujets de Piété en composition plastique : Christ, Vierges, Médaillons, etc.

BIJOUTERIE DE RELIGION,

Chapelets en tous genres, Médailles en argent, Vermeil, etc.

On se charge de toute espèce de reliures.

Paris. Imp. Pommeret et Moreau, 42, rue Vavin.

www.ingramcontent.com/pod-product-compliance
Lightning Source LLC
Chambersburg PA
CBHW061231050726
47594CB00009B/3868